pit vogt

kneipenschluss

verlorene träume

Impressum

© 2022 Pit Vogt
Herstellung und Verlag:
BoD – Books on Demand, Norderstedt
ISBN: 9783755741008

Er

Es war am Rand der großen Stadt
Da lebte er mit sich allein
Dort, wo die Welt nichts Warmes hat
Hat er gelebt, allein, nicht satt
Er wollt es nicht
Es musste sein

So manchen Joint am Morgen schon
Den er gefunden irgendwo
Er triebs mit manchem Hurensohn
Für wenig Geld
Was macht das schon
Ein Stückchen Leben
Oder so

An einem Tag, der anders schien
Fand er den Mann
Der ihm gefiel
Er zog mit ihm mal her,
Mal hin
Es machte alles einen Sinn
Vielleicht war das sein neues Ziel

Der fremde Kerl hat ihn gemocht
Er fand ihn lustig sicherlich
Er hatte ihm mal was gekocht
Dort, wo der Specht ins Holze pocht
Da sagte er: "Ich liebe dich"

In seinen Armen träumte er
Von manchem Glück
Vom fernen Land
Mit diesem Mann ans blaue Meer
Ein Stückchen Leben, das nicht leer
Ein bisschen nur die fremde Hand

Doch irgendwann als Regen fiel
War jener Fremde plötzlich fort
Und wieder neu das alte Spiel
So arm und einsam, ohne Ziel
An einem kalten, stillen Ort

Ein Stückchen Hoffnung war da noch
Er dachte an den Fremden oft
Das hielt ihn fern
Von manchem Loch
Das schmolz dahin ganz sacht jedoch
Manch´ Träne aus den Augen tropft

Bald zog er weiter seinen Weg
Am Rand der Stadt mit seinem Joint
So Vieles schien vom Wind verweht
Sein Leben wohl total verdreht
Auf keiner Suche nach ´nem Freund

Ein Husten quälte plötzlich stark
Das Blut lief ihm aus Nas´ und Mund
Der Hölle nah an Nacht und Tag
Er hielt sich noch
Hat nicht geklagt
Sein Leib so krank
Die Seele wund

Halbtot und schwer
Fast wie ein Stein
Versank er unterm Blätterdach
Am Rand der Stadt – so sollt es sein
Nur er, sein Traum, der Mondenschein
Noch nie war er so hell und wach

Es war am Rand der kalten Stadt
Als er die Augen leise schloss
Dort wo der Wald noch Träume hat
Verschwand er still
Vom Leben matt
Ein bisschen Hoffnung
Gar nicht groß

Gebet

Er lag und liegt mir dicht am Herzen
Ich will ihm helfen aus der Not
Für ihn die allerschönsten Kerzen
So viel für ihn liegt mir am Herzen
Ich bete für den Freund zu Gott

Er ist allein dort in der Fremde
Ich muss zu ihm
Doch fühl mich schwach
Für ihn mein allerletztes Hemde
Ich muss zu ihm in diese Fremde
Zu zweit geht's leichter unterm Dach

Uns trennen Meilen
Kilometer
Und doch flieg ich sie zu ihm bald
Mein Freund
Ich komm
Doch etwas später
Ich komm die Meilen
Kilometer
Das Weihnachtsfest steht schon im Wald

Er lag und liegt mir dicht am Herzen
Ein Freund, der da ist, auch in Not
Für ihn die schönsten Weihnachtskerzen
So sehr liegt er mir tief im Herzen
Ich bete für den Freund
Für Dich
Zu Gott

Nebel

Schwarzer Nebel kommt
Zieht weiter
Nichts bleibt ihm verborgen
Nichts
In ihm drin scheints gar nicht heiter
Nebelschleier wabern weiter
Jenseitig von Tag und Licht

Bin tief drin in jenem Nebel
Geht nach vorn nicht
Nicht zurück
Angst kommt auf
Mir brummt der Schädel
Todesschrei im dichten Nebel
Ich beweg mich nicht ein Stück

Wo die Heimat
Wo mein Leben
Wo sind Menschen
Die ich kenn
Schon versuch ich es mit Beten
Will zurück mein altes Leben
Will die Welt
Die gar nicht schön

Doch es bleibt mir nur dies Schweigen
Dieses Nichts
Die Blindheit
Ach
Wie lang sollt ich hier noch bleiben
Nein, ich will nicht länger leiden
Doch ich bin nur noch halbwach

Ohne Heimat
Ohne Liebe
Kann ich nicht mehr leben hier
Doch der Nebel grinst nur müde
Will, dass ich bei ihm nun bliebe
Macht mich bald zum wilden Tier

Plötzlich
Da
Ein Sonnenschimmer
Der mir einen Ausweg bahnt
Und bevor es wieder schlimmer
Greif ich mir den Lebensschimmer
Endlich seh ich wieder Land

Hinter mir bleibt aller Nebel
Weiter zieht er
Ohne Rast
Halt mich fest am Sonnensegel
Bald schon fort der böse Nebel
Ach, vor Freud mein Herze rast

Und der Nebel zieht schon weiter
Nein, ich seh ihn lang nicht mehr
Aller Tag ward plötzlich heiter
Mancher Nebel
Kommt
Zieht weiter
Bringt wohl auch was Neues her

Die Muschel

Ich fand sie dort am langen Strand
Die große Muschel, ganz in weiß
Sie lag so einsam da im Sand
Die schöne Muschel dort am Strand
Und Sommer war es
Schwül und heiß

Ich hob sie auf, hielt sie ans Ohr
Es rauschte so geheimnisvoll
Welch Engel sie wohl hier verlor
Ich hielt sie einfach nur ans Ohr
Und plötzlich fühlte ich mich wohl

Die Kinder sprangen um mich rum
Das Wasser kühlte, war so frisch
Die Muschel lag am Strand herum
Und Kinder sangen um mich rum
Und manchmal auch ein kleiner Fisch

Ich dacht, ob ich jetzt baden geh
Mal so ins Wasser, wärs nicht toll
Gar friedlich lag die wilde See
Ob ich vielleicht mal baden geh
Im Wasser wärs so wundervoll

Da sprach die Muschel lieb und leis:
„Du bist doch frei, los, spring´ ins Nass"
An jenem Strand, der lang und weiß
War´s wunderschön und ziemlich heiß
Im Wasser hatte ich viel Spaß

Die Muschel nahm ich mit ins Meer
Und ließ sie frei, sie tauchte schnell
Der Tag fiel leicht mir, gar nicht schwer
Ich nahm die Muschel mit ins Meer
Und plötzlich ward manch Trübes hell

All jene Sorgen, tief in mir
Die nahm die Muschel mit sich fort
Mir schien, sie lag für mich nur hier
Sie nahm die Nöte tief in mir
Verzauberte die Welt, den Ort

Fast wie ein Kind sang ich und sprang
Am Ufer her und wieder hin
Ich hör noch heut der Muschel Klang
Sie rauschte leis und lieb und lang
Sie gab mir neuen Lebenssinn

Ich fand sie da am Meeresstrand
Die weiße Muschel, groß und weiß
So manches Jahr zog übers Land
Ihr Rauschen blieb mir, da am Strand
Und Sommer wars
So schön und heiß

Nachtflug

Dein Flieger jagt durch tiefste Nacht
Was ist in deinen Traum gekracht
Kaputt dein Leben und dein Tag
Zerstört die Hoffnung, nur noch Klag´
Was hat dich nur hierhergebracht

Dämonen schreien laut und leis
Dir wird es schlecht, dir wird es heiß
Der Schweiß rinnt dir in Strömen schon
Die ganze Nacht, ein einzig´ Hohn
Dein Hirn ist schwarz und nicht mehr weiß

Du bist allein im Flieger, ach
Du schnappst nach Luft und bist halbwach
Im Taumel jenes Fluges bald
Wirst du im Flieger nicht mehr alt
Die dunkle Nacht hält dich in Schach

Befrei dich jetzt, sonst ist´s zu spät
Weil irgendwann kein Flug mehr geht
Du musst jetzt landen, irgendwo
Flieg nur nicht weiter, nur nicht so
Der Flug ist längst vom Sturm verweht

Manch Alb flirrt wirr durch deinen Sinn
In deiner Seel
Ein Ungetüm
Du kennst den Teufel
Werf ihn ab
Sonst fliegst du abwärts in dein Grab
Räum endlich auf, dort in dir drin

Dein Flieger setzt zur Landung an
Du hast entschieden wie ein Mann
Bald ist der Alb, der Traum vorbei
Die Nacht zerrinnt und du bist frei
Jetzt fängt dein neues Leben an

Kneipenschluss

Ich stolpre mich durch nächtlich Straßen
Kein Mond, kein Himmel über mir
Nur eine Pfütz im Straßengraben
Feucht ist der Nebel
Feucht mein Kragen
Noch immer dreht das letzte Bier

Mir ist so übel
Ich muss kotzen
An jener Wiese, die sonst schön
Starr krank ins Nichts
Ich kann nicht protzen
Ich blinzle nur
Ich kann nicht glotzen
Will lang noch nicht nach Hause gehn

Mein Schrei gellt durch die düstern Gassen
Die Angst kriecht scharf ins schlaffe Hirn
Ich lass mich falln, ins Gras, dem nassen
Zäh klebt die Zeit, ist nicht zu fassen
Die Düsternis will mich verwirrn

Mein Geld versoffen in der Kneipe
Wo stundenlang ich so gehofft
Im Spiel der Eitelkeit schnell pleite
Des Lebens allertrübste Seite
Manch Hoffnung längst von Frust verstopft

Ein Auto zischt an mir vorüber
Erkenn das rote Rücklicht kaum
Es gießt in Strömen in den Flieder
Durchnässt behänd mich immer wieder
Ich schieb mich heulend untern Baum

Ob sich das alles mal verändert
Obs anders wird vielleicht
Und wann
Das halbe Leben so verschwendet
Ich weiß nicht mehr, ob das mal endet
Will heim, nur heim
Ganz schnell
Sodann

So stolpre ich mich immer weiter
Kein Mond, kein Stern blitzt über mir
Vielleicht werd ich schon bald gescheiter
Denn nachts ist´s dunkel
Gar nicht heiter
Im Spiegelbild von Schnaps und Bier

Sein Traum

Er hat geträumt vom Haus am Fluss
Von hohen Bäumen
Ewig grün
Er tat, was er wohl tuen muss
Für diesen Traum
Das Haus am Fluss
Er wollt die Mutter wiedersehn

Doch um ihn rum war´s laut und kalt
Im Häusermeer der großen Stadt
Im Sumpf der Straßen gab´s kein Wald
Hier wurde niemand reich und alt
Hier, wo man keinen Traum mehr hat

Da machte er sich auf und ging
Dorthin, wo Mamas Stimme rief
Als tief der gelbe Mond schon hing
Da machte er sich auf und ging
Nur raus
Nur fort vom Großstadtmief

Durch viele Länder lief er so
Bis zu dem Wald, dem Haus am Fluss
Die Stille machte ihn dort froh
Und seine Mutter sowieso
Die gab ihm einen sanften Kuss

Er war am Ziel
Ja, und er blieb
Mit Mutter dort am Fluss im Haus
Dort fand er endlich jenes Glück
Von dem er träumte
Was ihn trieb
Hier sah die Welt so friedlich aus

Er träumte oft vom Haus am Fluss
Von seiner Mutter, die dort lebt
Er tat, was man wohl tuen muss
Man fand ihn tot im Großstadtfluss
Und seine Spur ward schnell verweht

Bahnsteig

Ein leerer Bahnsteig nachts halb Drei
Es regnet und ich bin allein
Der letzte Zug ist lang vorbei
Es ist so kalt
So gegen Drei
Es sollte doch niemals so sein

Du warst so nah und doch so fern
Hast mich geküsst
Hast nichts gesagt
Ich sehnte mich zu deinem Stern
Schien dir so nah
Blieb doch so fern
Dort wo die Nacht
Kaum Träume hat

Ein Sturm peitscht allen Regen fort
Seh dein Gesicht
Es lächelt leis
An diesem düster kalten Ort
Erstirbt manch blödes dummes Wort
Und alle Hoffnung ward zu Eis

Ein leerer Bahnsteig nachts um Drei
Es regnet und ich wart allein
Ein letzter Zug kam nie vorbei
Ich schau zurück
Ins Einerlei
Vielleicht sollt alles doch so sein

Dreckige Zeiten
(Nahaufnahme)

Die Dummheit zieht durch seichte Gassen
Der Dümmste protzt mit einem „Stern"
Manch´ Drogenmob beherrscht die Straßen
Willst du was sein
Dann musst du hassen
Dann hat man dich zum Fressen gern

Die größten Ratten ziehn die Fäden
Die stecken sich Millionen ein
Die scheißen auf Gesetz
Und jeden
Die wollen weder büßen
Beten
Die sind nur primitiv
Nicht fein

Bist du zu ehrlich
Musst du sterben
Dann wirst du hungern bis ins Grab
Für Güte wirst du gar nichts erben
Das Gute liegt in Schutt und Scherben
Als Gutmensch zockt man flott dich ab

Wenn du betrügst
Bist du ein Sieger
Mit Lug und Trug kommst du recht weit
Singst du stattdessen schöne Lieder
Tritt in den Arsch man dich
Mein Lieber
Dann bist du jenseits dieser Zeit

Und wenn manch` Reiche mal was spenden
Dann tun dies nur für Honorar
Dann muss es jeder Sender senden
Dass jeder sieht
Wie sie verschwenden
Dass jeder sieht
Sie sind der Star

Willst du Gesundheit
Musst du zahlen
Aalglatt kassiert manch´ „Doc" dich ab
Scheiß auf die Kranken
Scheiß auf Qualen
Als reicher Spinner darfst du prahlen
Als arme Sau stürzt du ins Grab

Mit Anarchie im Supermarkte
Gibt's Service nur als
Tritt im Arsch
So zwischen Butter, Brot und Quarke
Ist jeder Assi mal der Starke
Dort bläst man dir den letzten Marsch

Auf allen Straßen herrschen Kriege
Wer da zuletzt kommt
Der ist tot
Dort feiert nur die Dummheit Siege
Dort zählt der Hass
Dort zählen Hiebe
Wer dort noch nachdenkt
Ist in Not

Der Abschaum grölt durch manch´ Provinzen
Vergessen dort der letzte Traum
Gesellschaft, Anstand:
Längst verschissen
Der Pöbel keift und lässt dich grüßen
Zerstört das Klima
Wald und Baum

Versiffte Welt
Versaute Erde
Das Übel kriecht durch all den Dreck
Von Wut durchsetzt manch´
Menschen-Herde
Am Straßenrand manch´ Müll
Manch´ Scherbe
All der Gestank zieht lang nicht weg

Ja, die Gesellschaft ist zum Kotzen
Hier scheißt wohl jeder
Jeden an
Man kann auf all das nur noch rotzen
Hier darf der Teufel blöde glotzen
Weils abwärts geht im Sturm
Sodann

Friedhof

Schweigen überm Friedhofspark
Dunkel wird's
Die Kälte kommt
Schnee fällt sacht auf manches Grab
Weihnacht hier im Friedhofspark
Hier, wo alle Trauer wohnt

Manches Grablicht flackert leis
Langsam deckt der Schnee es zu
Marmor glitzert schwarz
Und weiß
Auf den Wegen glänzt das Eis
Heilig diese Totenruh

Kann ein Weihnachtslied erahnen
Ach, es fliegt von Grab zu Grab
Hier, wo viele kommen
Kamen
Hier, wo liegen all die Ahnen
Wo mir Gott so vieles sagt

Leicht verfängt sich eine Brise
Da, wo Mutter, Vater sind
Stille über Baum und Wiese
Nur das Säuseln jener Brise
Sagt zu mir:
Sei wieder Kind

Niemand ist im Park zu sehen
Doch es sind so Viele da
Alle lebten einst im Leben
Kann sie doch noch immer sehen
Eingehüllt von Schnee
Recht klar

Ja, sie lächeln mir entgegen
Es ist kalt
Doch mir ists warm
Niemals endet unser Leben
Nur geht es auf neuen Wegen
Bis es kommt im Himmel an

Hoffnung überm Friedhofspark
Heilger Abend
Heilge Nacht
Schnee fällt sacht auf manches Grab
Wo ich so viel Liebe hab
Wo ich stets an Euch gedacht

for Mom and Dad

Schatten

Er hatte kurz mich angelächelt
So im Vorübergehen wars
Ein leichter Wind hat mich umfächelt
Als er mich plötzlich angelächelt
Am Ende einer
Tränen-Farce

Ich schaute hin
Und schaute weg
Und ging vorbei
Und war schon fort
An meinen Schuhen klebte Dreck
Er war vorbei
Er war schon weg
An jenem fremden kalten Ort

Ein Schatten nur blieb mir im Traum
Wer war das nur
Wie hieß der Mann
Er hatte Augen
Grün und
Braun
Wars in der Stadt
Am Waldessaum
Vielleicht ein Geist
Der kam sodann

Sein Schatten lässt mich nicht mehr los
Er war so nah
Doch viel zu weit
Was tu ich jetzt
Was mach ich bloß
Leg ich die Hände in den Schoß
Sein Schatten hatte mich
Befreit

Sein Lächeln traf mich tief ins Herz
In meine Seele
In mein
Ich
Sein Schatten war so voller Schmerz
S´ war Ende Februar
Fast März
Ich wollt zu ihm
Ganz fürchterlich

Und zog davon
Zum fernen Sein
Dorthin
Wo er längst an mich denkt
Mein Schatten nur blieb hier
Allein
Längst wollte ich bei ihm sein
Weil alle Schatten Gott nur
Lenkt

Flucht ins Ungewisse

Zu viel ist anders nun geworden
Zu oft bin ich allein gestorben
Der Weg war schmal
Er endet hier
Ade, bevor ich noch erfrier

Die Zukunft flirrt in dichtem Nebel
Ich streiche die zerfetzten Segel
Ein neuer Weg
Ich geh ihn jetzt
Bevor mein Herz total verletzt

Es fehlt mir hier das Gottvertrauen
Hier kann ich keine Zukunft bauen
Der alte Weg
Wiegt tonnenschwer
Hier blieb mein Traum vom Leben
Leer

Ich schließ die Tür für immer zu
Und zieh davon
Im Hirn ist Ruh
Der neue Weg
Ist noch sehr fremd
Doch passt mir jetzt mein neues Hemd

So viel wird anders wohl nun werden
Das Alte geht
Es liegt in Scherben
Mein Weg ist hell
Er wird mich führen
Ich spür, ich werd mich nicht verlieren

Das Meer

Das Meer ist voll Vergangenheit
Ist die Erinnerung in mir
Es war unsere beste Zeit
Dort am Meer der Einsamkeit
Ach, sie lebt in mir und dir

Ich seh noch deine Spur im Sand
Sie führt bis zum Rand der See
Führt bis zu jenem fernen Land
Wo ich all meine Träume fand
Wo ich alles wie damals noch seh

Mein Hirn ist voller Traurigkeit
Ist die Erinnerung an dich
Ja, es war die schönste Zeit
Dort am Meer
Das weit
So weit
Und es friert mich fürchterlich

Die Zeit ist voll Vergangenheit
Ist all die Liebe tief in mir
Es war fürwahr die beste Zeit
Dort am Meer der Seligkeit
Ich weiß genau
Sie ist noch hier

Jenseits

Durch Nebel seh ich dein Gesicht
Es ist noch Nacht
Doch wieder nicht
Ich schwebe über dunkle Auen
Ich habe Angst
Kaum Gottvertrauen

Du gibst mir Kraft und neuen Halt
Und doch ists mir so bitterkalt
Mir ist es so wie ewig sterben
Mein Leben liegt in tausend Scherben

Verklärtes Mondlicht zeigt die Wege
Dort hoch hinaus ich mich bewege
Ich will nur fort
Von Welt und Leben
Wo ist mein Tag
Wo aller Segen

Durch Nebel seh ich deine Tränen
Und spür
Wie mich Verluste quälen
Die Trauer
Die vergeht noch nicht
Nur durch den Nebel scheint
Ein Licht

Zerrissen

Die Sonne scheint
Mir scheint sie nicht
Nur Wolken ziehn durch Herz und Hirn
Zwar ist es hell
Doch ohne Licht
Und manche Sonne seh ich nicht
Da ist noch Angst
Da fehlt oft aller Sinn

Und Frühling ists
Doch spür ich´s nicht
Nur Regen fällt
Ins Trauermeer
Zwar ist es lau
Doch ohne Licht
Und manchen Frühling fühl ich nicht
So mancher Tag wiegt schwer
So ewig schwer

Mein Weg ist klar
Doch fürchterlich
Zu viele Steine hemmen ihn
Ich lauf und stolpre
Sicherlich
Und manchen Weg erkenn ich nicht
Weil Nebel durch die wirren Sinne ziehn

Gott spricht zu mir
Ich hör ihn gut
Ein fernes Lied von Trauer singt
Oft wünschte ich mir
Hoffnung
Mut
Doch mancher Traum erstarrt mein Blut
Ob Gott mir hilft
Mir endlich wieder Segen bringt
?

Wolken ziehn

Es zogen Wolken übers Land
Schwarz jene Nacht
Als man sie fand
Noch keine sechzehn Jahre jung
Doch schon vorbei
Die Seelen wund

Sie wollte noch zum Tanze gehn
Dorthin, wo manche Dealer stehn
Mit Sechzehn kennt man keine Welt
Mit Sechzehn weiß man nicht
Was zählt

Man fand sie hinterm Haus
Im Dreck
So wirft man keinen Menschen weg
Es war so zwischen Zwei und
Drei
Und nur ein Auto rast vorbei

Schockiert die Leute
Da im Ort
Kein Beten hilft
Kein Schrei
Kein Wort
Wo sind die Eltern
Fragt man sich
Wohl ließen sie ihr Kind im Stich

Schon bald schweigt wieder still die Nacht
Und Regen fällt aufs Land
Ganz sacht
Wäscht all die Tränen
Ganz weit fort
Da ist nur Stille
Und kein Wort

Noch keine Sechzehn
Noch ein Kind
Was bleibt
Wenn tot die Träume sind
Man fand noch ihre Spur im Sand
Dann zogen Wolken übers
Land

Wolkenreiter

Wolkenreiter ziehen fort
Über weites Land
Und so
Immer mal ein neuer Ort
Immer ein verrücktes Wort
Manchmal auch ein Bett aus
Stroh

Wolkenreiter träumen gern
Von der Welt
In rotem Licht
Ziehen flugs von Stern zu Stern
Alle Trauer liegt so fern
Tod und Ärger gibt's da nicht

Wolkenreiter fliehen schnell
Aus der Wirklichkeit
Dem Nichts
Niemals dunkel
Immer hell
Deren Welt
Ein Wahnsinnsquell
Sie sind Kinder allem Lichts

Wolkenreiter sind mal so
Irgendwie auch andersrum
Eben so
Dann wieder froh
Wie ein Feuer
Lichterloh
Plötzlich tränenreich und
Stumm

Wolkenreiter sind wie Gott
Überall sind sie zugleich
Sind wie Songs
Manch´ Schrei
Ein Wort
Bettler auch
Mal Graf
Mal Lord
Super-arm
Dann
Super-reich

Wolkenreiter sind wie ich
Sind wie du
Wie jedermann
Sind verrückt wohl
Sicherlich
Sind wie Menschen
Hoffentlich
Ich zieh mit
Heut
Irgendwann

Vorm Tal

Steh vor einem tiefen Tal
Ohne Boden
Ohne End
Alles Sinnen bringt nur Qual
Hier vor diesem dunklen Tal
Schwach die Seele
Schwach die Händ

Keine Brücke führt hinweg
Und mein Weg
Scheint hier am End
Nein, ich komm nicht fort vom Fleck
Überall um mich ist Dreck
Und mir friert das Herz
Die Händ

Ein Zurück gibt's für mich nicht
Weil man mich da nicht mehr kennt
Sah im Spiegel kein Gesicht
Dunkel wars
Kein Wort
Kein Licht
Und es falln mir ab die Händ

Hier vor diesem Jammertal
Scheint die Welt wohl ausgeblend´
Alles Leben ward zur Qual
Tränen flossen ohne Zahl
Und ich such nicht meine Händ

Für den Sprung bin ich zu schwach
Übers Tal gibt's keinen Weg
Hier ist Ruh
Hier ist kein Krach
Unter diesem Wolkendach
Meine Händ
Vom Wind verweht

Niemand da, der mir noch hilft
Auch kein Gott
Der mich je fänd
Fall hinab ins Tal
Ins Schilf
Da ist nichts, das mir noch hilft
Niemals hatt ich starke Händ

Weekend in San Diego

Zurück in der Heimat
Meiner Träume
Überall vertrautes und Liebes
All dieses Lachen
Ja, auch das gibt es
Hier in der Heimat meiner Träume
Wo ich keinen Traum mehr versäume

Zurück in der Welt meiner
Lieder
Überall des Ozeanes Liebeslieder
Überall bist Du für immer
Und wieder
Hier in der Zauberwelt meiner Lieder
Ach, wo wär mein Herz denn je lieber

Zurück in der Stadt der Gedichte
Überall die wunderbarsten
Verse des Lebens
Kein einziger Tag ist mir hier vergebens
Hier in der Stadt meiner Gedichte
Hier in San Diego
In meiner Geschichte

Schattenhotel

Im Hotel der dunklen Schatten
Treffen sich die Geister nachts
Hören heimlich alte Platten
Piepsen mit den Mäusen
Ratten
Und sie speisen
Roten Lachs

Dies Hotel der tausend Träume
Siehst du nur 'gen Mitternacht
Über Felder
Wälder
Bäume
Schwebts hinauf in Weltenräume
Driftets durch Magie und
Pracht

Irgendwo in deinem Leben
Findest du dies Wunderhaus
Manch' Erkenntnis wird's dir geben
Hoch wird's auf den Wolken schweben
Manchmal siehts wohl düster aus

Glaub an das Hotel der Schatten
Wo die Geister heimisch sind
Dort sind nicht nur Mäuse
Ratten
Dort gibt's nicht nur alte Platten
Dort wirst neu du
Wie ein Kind

Schatten einer Liebe

Es war ein Schatten nur
Der blieb
Sie schaute sich noch einmal um
Dort, wo manch´ dunkle Wolke zieht
Hat sie gewartet, was geschieht
Hat sie ertragen
Treu und
Dumm

Er schlug sie mitten ins Gesicht
Das Blut kam schnell
Es tropfte wild
Sie sah wohl seine Bosheit nicht
Sie wollte gehen
Und doch nicht
Ein Leben nur von Angst erfüllt

Einst liebten sie sich wirklich sehr
Sie kam aus Russland
Arm und schön
Ihr Leben war so einsam
Schwer
Ach, oftmals fühlte sie sich leer
Doch wollt zurück sie nie mehr gehn

Er schwor ihr Treue
Liebe
Glück
Verlassen wollte er sie nie
Doch irgendwann
So Stück um Stück
Schlug trister Alltag hart zurück
Das Geld ward knapp
Es reichte nie

So soff er sich die Nächte schön
Am Tag hing er im Stadtpark rum
Sie konnt das alles nicht verstehn
Ganz tief im Herzen wollt sie gehn
Ihr Leben schien ihr
Schief und krumm

Doch blieb sie bei ihm
All die Zeit
Ging täglich putzen für fast Nichts
Sie wusste, wenn sie sich befreit
Schlägt er sie weiter tief ins Leid
Ein Dasein jenseits allem Lichts

Doch eines Morgens gings nicht mehr
Er lag besoffen noch im Bett
Da holte sie den Koffer her
Sie packte schnell
Im Herz wars schwer
Nur endlich fort von alldem Dreck

Sie schaute sich noch einmal um
Da war ein Schatten nur
Der blieb
Ging sie jetzt nicht
Brächt er sie um
Nie wieder leiden
Treu und stumm
Dort, wo manch´ dunkle Wolke
Zieht

Seelenschatten

Wie die Tage
Die ich zähle
Sind die Schatten auf der Seele
Und was immer ich auch tue
Nirgends find ich meine Ruhe

Alles ist wie festgefahren
Überall seh ich Gefahren
Nichts gelingt
Ich bin am Ende
Und es zittern meine Hände

Alles scheint mir zu entgleiten
Kriech durch dunkle müde Zeiten
Alle Hoffnung scheint gestorben
Nein, ich hoff nicht mehr auf Morgen

Und ich träum nur noch mein Leben
Doch es kann mir nichts mehr geben
Frag mich all die schlechten Tage
Warum ist so trüb die Lage

Seh die Menschen
Die zufrieden
Weiß nicht mehr
Wo ich geblieben
Und die Schatten auf der Seele
Sind wie Tage
Die ich zähle

Nirgendwo

Schwarz der Wald
Schwarz die Gedanken
Weiß fällt Schnee auf Acker
Feld
Ganz ohne Grenzen die Gedanken
Alle Hoffnung kommt ins Wanken
Zu weit fort
Wo nichts mehr zählt

Aus der Seele falln Gesichter
Wie ein schwerer Stein sind sie
So fernab der Stadt
Der Lichter
Dort beim Club der toten
Dichter
Hämmern Fragen:
Wo
Und
Wie

Schreie halln durch dichten
Nebel
Blut rinnt über Stirn und
Aug
Ausgehebelt Sinn und
Regel
Tief im Herz ein Schwert
Ein Säbel
Eis verdeckt das alte
Laub

Müd rennst du durch alle Zeiten
Kommst nur bis zum
Nirgendwo
Du willst fliehen
Nirgends bleiben
Lässt dich von den Ängsten treiben
Hier in diesem
Irgendwo

Rastlos deine Gier
Dein Denken
Willst du Liebe
Oder nicht
Wirst dich nach dem Glück
Verrenken
Keiner wird dir´s geben
Schenken
Und es bleibt dir
Schwarzes
Licht

Nur das Ende bringt dir
Ruhe
Weil dies Hin und Her nichts bringt
Weil zu eng dir deine
Schuhe
Ekel in der Lebens-Truhe
Und dein letzter Blick
Verglimmt

Falsche Wege

Falsch die Wege
Die ich ging
Weil ich mich im Nichts verfing
Dunkelheit tief in mir drin
Nirgendwo ein echter Sinn

Irgendwo mich selbst verlorn
Irgendwann total erfrorn
Wie verdorrtes Laub im Wald
Drifte ich
Und fühl mich alt

Nebel wabert durch den Kopf
Ganz egal
Was ich auch hoff
Alles dreht sich wild
Im Sturm
Bin so hilflos wie ein Wurm

Habe mich in mir verirrt
Bin vom Teufel wohl entführt
Wo ist nur ein guter Ort
Wo find ich mein eignes Wort

Zeigt mir Gott den neuen Weg
Dass ich wieder fühl:
Ich leb
Noch ist Dunkelheit in mir
Doch die Hoffnung wartet hier

Dein letzter Brief

Dein Brief liegt vor mir auf einem kalten Tisch
Ich will ihn öffnen
Doch ich tu es nicht
Ist es ein allerletzter Abschied jetzt von Dir
Ist es ein allerletzter Abschied jetzt von mir
Nur eine weiße Kerze spendet düster-dunkles Licht
Und ich hab heiße Tränen im Gesicht

Ich sitz ganz still an jenem kleinen Tisch
Der Brief darauf
Nur er liegt einfach nur so da
Und gar nichts ist, wie es einmal war
Ich denk an all die schöne Zeit mit Dir
Ich weiß, Du bist lang nicht mehr hier
Und ich wisch mir die Tränen vom Gesicht

Ich lauf langsam um den runden Tisch
Ob ich den Brief öffne, weiß ich nicht
So viel gäbe es da noch zu sagen
Da sind noch so viel dumme Fragen
Schon bald verlischt das viel zu dunkle Kerzenlicht
Und tiefe Trauer liegt in meinem Gesicht

Ein Brief vor mir auf jenem alten Tisch
Ich will ihn öffnen
Doch ich tu es nicht
Und tu´s dann doch
Und reiß ihn einfach auf
Nehm alle Antworten einfach so in Kauf
Starr fassungslos auf das faltige Papier
Denn der Bogen ist unfassbar leer

Abschied

So gerne würd ich mit Euch träumen
Nochmal spazieren durch den Park
Und liegen unter Mandelbäumen
Und nichts vom Leben je versäumen
Mit Euch gestalten
Jeden Tag

Würd gern mit Euch nochmal verreisen
Und Fotos machen
Ach
So viel
Und Mamas Lieder hörn
Die leisen
Wenn Züge klappern auf den Gleisen
So wie als Kind
Als alles Spiel

Noch einmal möcht ich mit Euch reden
Und lachen
Weinen
Alles halt
Ich wünscht, Ihr kämt zurück ins Leben
Jetzt sitz ich hier
Und kann nur beten
Und jeder Tag ist schlimm
Und kalt

Mit frischen Blumen komm ich wieder
Zu Eurem Grab
Und bleibe lang
Ich hör von fern´ die alten Lieder
Da ist kein Trost im letzten Flieder
Da ists in Herz und Seele
Bang

Beim Mond

Am Waldesrand steh ich so gern
Schau hoch hinauf zu all den Stern
Die sind so weit entfernt und klein
Ich würde gern bei ihnen sein

Doch sind sie viel zu weit entfernt
So wie die Sonne, die mich wärmt
Und meine Träume tragen mich
Durchs ferne All
Gar wunderlich

So nah dagegen scheint der Mond
Der über allen Wäldern thront
Er ist so hell und warm und rund
Ich schau ihn an zur Abendstund

In seinem Licht fühl ich mich gut
Da schöpf ich Kraft und neuen Mut
Er spricht zu mir
Auch wenn er schweigt
Bei ihm vergeht nicht Stund, nicht Zeit

Erzähl von meinen Sorgen ihm
Frag oft ihn nach dem Lebenssinn
Manchmal, wenn einsam ich,
Allein
Dann will ich gern bei ihm nur sein

Er gibt mir Trost
Er gibt mir Halt
An jenem Rand vom dunklen Wald
Wenn sich bei Tag oft nicht viel lohnt
Geh ich des Nachts zu ihm,
Zum Mond

Ist eine Wolk vor ihm mal schwer
Weiß ich, dahinter wartet er
Ist er auch weit
Ist er auch fern
Ich brauch ihn sehr
Ich hab ihn gern

Am Waldesrand tief in der Nacht
Bin ich bei meinem Mond auf Wacht
Wir zwei sind Freunde ewiglich
Ja, das sind wir:
Der Mond und ich

Das Stückchen Leben

Das Stückchen zwischen Nacht und Tag
Das Bisschen zwischen Schwarz und Hell
Ein Stückchen Leben
Das man hat
Die Zeit läuft oft zu sinnlos ab
Und ist vorbei doch viel zu schnell

Das Stückchen Leben nimmt man hin
Man denkt nie lang darüber nach
Man gibt ihm viel zu wenig Sinn
Es kommt
Es bleibt
Es rinnt dahin
Dann ist es fort
Mit Weh und Ach

Dies bisschen Leben ist nicht viel
Ein Wimpernschlag
Ein Atemzug
Es ist mal ernst
Mal nur ein Spiel
Man kennt nicht Start und auch nicht Ziel
Oft bleibt ein leerer Wasserkrug

Ein Stückchen Leben ist ein Hauch
Im Universum sieht man's nicht
Doch sind's Millionen Träume auch
Milliarden Tränen
Manch ein Brauch
Ein Ozean aus Hoffnung
Licht

Dies Stückchen zwischen Jetzt und Dann
Das nennt sich Leben
Das sind wir
Als Mensch geboren
Frau und Mann
Geblieben ewig Kind sodann
Ein Augenblick
Ein Leben hier

Nackt

Unbekleidet steht´s du da
Vor dem Spiegel deines Lebens
Nichts ist mehr, wie es mal war
Alles, was du hoffst, scheint dir vergebens
Hier am steilen Abgrund deines Lebens
Und du suchst nach einem neuen Halt

Doch
Du bist nackt
Du hast es nicht gepackt
Du bist nackt
Irgendwo versackt
Nichts mehr im Takt
Und du bist nackt

Alleingelassen fühlst du dich
Hier am Abgrund deines Lebens
Alle ließen dich total im Stich
Alles, was du warst, scheint lange vergebens
In jener der Hölle deines Lebens
Deine Träume nagen fürchterlich

Doch
Du bist nackt
Du hast es nicht gepackt
Du bist nackt
Irgendwie versackt
Nichts mehr im Takt
Du bist nur nackt

Dunkelheit um dich herum
Wabert durch deine kranke Seele
Du bist atemlos und stumm
Alles, was du wolltest, nur noch vergebens
Hier am Ende deines wilden Lebens
Alle Wege scheinen schief und krumm

Denn
Du bist nackt
Du hast es nicht gepackt
Du bist nackt
Irgendwann versackt
Nichts mehr im Takt
Denn du bist nackt

Ist noch Hoffnung in dir drin
Wenn die letzten Träume sterben
Macht das Leben doch noch Sinn
Ist alles, was bleibt, wirklich vergebens
Hier an der Kreuzung deines Lebens
Wo treibts dich letztendlich hin

Noch
Bist du nackt
Noch hast du´s nicht gepackt
Du bist nackt
Noch immer versackt
Noch nichts im Takt
Bleibst du so nackt

Hoffnung

Hoffnung auf ein Lebenszeichen
Wünsch ich mir
Geht es dir gut
Dass wir uns die Hände reichen
Dass wir allem Bösen weichen
Weil uns eint das gleiche Blut

Lass mich Deine Augen küssen
Deine Hände
Deinen Mund
Will Dich niemals mehr vermissen
Will Dich aus der Ferne grüßen
Hoffe, Du wirst bald gesund

Ach, mir fehlt Dein Wort,
Dein Lachen
Ja, mir fehlst ganz einfach Du
Ohne Dich kann ich nichts machen
Werd vor Deinem Foto wachen
Finde ohne Dich kaum Ruh

Hoffnung auf Dein Lebenszeichen
Komm bald wieder her zu mir
Wind verfängt sich in den Eichen
Dort, wo sich die Seelen gleichen
Wärst Du nur schon balde hier

Schuld

Das wiegt so schwer in deinem Kopf
Die Frage: Hab ich´s falsch gemacht
Bin ich vielleicht ein dummer Tropf
Die Schuld wiegt schwer in meinem Kopf
Ich hab mir das nicht ausgedacht

Du machst so vieles falsch
Verkehrt
Doch wie ists richtig
Sag mir
Wie
Du bist zu oft zu unbeschwert
Dann bist du stur
So unbelehrt
Du glaubst, du schaffst das Leben nie

Es geht bergab
Und kaum bergauf
Du hörst versteckte Schrei nicht
Dies Leben scheint ein Hürdenlauf
Du kneifst zu oft
Und scheißt darauf
Und nirgendwo zeigt sich ein Licht

Du fühlst die Schuld
Ganz tief in dir
Du fragst dich ständig:
Ist das so
Du bist doch gar kein wildes Tier
Du willst doch helfen
Jetzt und hier
Doch bist du nur noch schwer
Nicht froh

Die Schuld wiegt wie ein schwerer Stein
Presst Tränen aus dem Seelenschutt
Du fühlst dich schwach und sehr allein
Du fühlst dich dumm und winzig klein
Nein, irgendwie ist gar nichts gut

Was ist das nur, das in dir bohrt
Ist das Versagen
Ist das Schuld
Egal, an welchem Weltenort
Es geht nicht weg
Es geht nicht fort
Dir fehlts an Einsicht und
Geduld

Es wiegt nur schwer in Kopf und Leib
Vernebelt dir die Zuversicht
Wie lange dies Gefühl dir bleibt
Entscheidet nur die Zeit
Die Zeit
Du musst es finden
Dein Gesicht

Manche Tage

Manche Tage sind wie Seide
Weich und wohlig
Richtig frisch
Fröhlich springst du durch die Heide
Fühlst dich wohl am Frühstückstisch

Manche Tage scheint die Sonne
Alles scheint dir leicht und gut
Planscht froh in der Gartentonne
Schöpfst aus allem Sinn und Mut

Doch dann kommen trübe Stunden
Dunkel wird's und kalt und öd
Ja, dann schmerzen alle Wunden
Dann fühlst du dich richtig blöd

Ätzend kriechen die Minuten
Wenn die Zeit dich fast erschlägt
Wenn die Wunden tierisch bluten
Wenn kein Baum mehr Früchte trägt

Wenn dir keiner steht zur Seite
Wenn allein du frierst im Tal
Dann ist fort die schöne Seide
Dann sind alle Tage Qual

Ach, dann denkst du an die Zeiten
Als es schön war, leicht und bunt
Doch dies Leben will nicht bleiben
Es zieht weiter
Stund um Stund

Freu dich an den Seidentagen
Lach, wenn du es kannst und willst
Stell nicht so viel dumme Fragen
Freu dich, wenn du gut dich fühlst

Tage sind wie sanfte Seide
Sind wie Regenwolken auch
Mal springst froh du durch die Heide
Mal nässt Regen deinen Bauch

Ohne Titel

Der Tag vergeht
Liegt brach und ohne Leben
Schon hinter mir
Die Nacht kriecht düster an
Ein Wind verweht
Es rauschen Wälder,
Ähren
Es ist sehr still
In jenem dunklen Land

Ein Trauersang
Zieht durch die müde Seele
Dem Tode nah
Erinnre ich mich noch
Die Zeit steht still
Sekunden, die ich zähle
Starr in die Nacht
Wie in ein schwarzes Loch

Hier will ich sein
In dieser Nacht,
Dem Dunkel
Zum neuen Tag
Ziehts mich schon lang nicht mehr
Von irgendwo dringt in den Kopf
Gemunkel
Ein *Chupacabra* jault
Er ist mir ziemlich nah

Mein Atem stockt
Ich lös mich auf im Nebel
Und meine Spur vergeht
Im feuchten Waldeslaub
Nichts bleibt von mir
Mein Herz hisst leis die Segel
Und übrig bleibt ein Häuflein nur
Von Staub

Blizzard

Sie fragte ihn:
Wo willst du hin
Erstarrt sah er ihr ins Gesicht
Es hatte wohl auch keinen Sinn
Er wollte fort
Egal
Wohin
Und trübe schien das Kerzenlicht

Er zog sich an
Lief schnell hinaus
Ein Blizzard kühlte sein Gesicht
Im Eiswirbel nicht Mann
Nicht Maus
Es war so kalt
Ein wahrer Graus
Am kleinen Bahnhof brannte Licht

Auf Bahnsteig Drei
Stand noch ein Zug
Der Schnee verwirbelte die Zeit
Ein Alptraum
Oder
Selbstbetrug
Vom Alltag hatte er genug
Für eine Nacht
Vom Zwang befreit

Ein junger Mann mit schwarzem Schal
Kam auf ihn zu
Umarmte ihn
Sie sahen sich das erste Mal
Und küssten sich ganz ohne
Qual
Und plötzlich machte alles Sinn

Vom Schneegestöber eingehüllt
Da liebten sie sich
Heftig heiß
Manch´ ferner Traum schien da erfüllt
Ein Liebesbrief
Im Schnee zerknüllt
Die Liebe schmolz die Nacht
Das Eis

Bleibst du bei mir – so fragte er
Der andere Mann blieb still und
Schwieg
Noch einen Kuss
Der leicht und
Schwer
Dann war der Bahnsteig menschenleer
Und niemand aus dem Zug mehr stieg

Der Blizzard fauchte dumm und
Klug
Der Zug fuhr ab
Ins Nirgendwo
War alles nur ein Selbstbetrug
Wenn man vom Alltag hat genug
Gibt's Leben nur im
Anderswo

Er schlug den Kragen hoch und ging
Ihm war nicht kalt
Auf Bahnsteig Drei
Der Blizzard sich im Nichts verfing
Ein bisschen Liebe nur
Ein Sinn
So vieles scheint oft
Einerlei

Noch einmal drehte er sich um
Da war kein Zug
Kein Mann
Kein Kuss
Die Flocken wirbelten recht krumm
Er lief nach Hause
Lächelnd
Stumm
Weil das so ist
Weil man´s so
Muss

Am See

Tag und Nacht verschwimmen leise
Nebel wabern übern See
Tief in mir
Klingt eine Weise
Da am Wald fällt weißer Schnee

Tränen tropfen auf manch´ Steine
Mischen sich mit Staub und Sand
Wie ich fröhn
Dem roten Weine
Setzt mein Hirn sich heiß in Brand

Ach, es sinnt nach neuem Leben
Doch das Alte ist zu stark
So wird's wohl nichts Neues geben
So kommt nie ein neuer Tag

Blicke fliehen übers Wasser
Düsternis kriecht durch die Zeit
Wald und See flirrn blass und blasser
Wie erstarrt steh ich und
Schweig

Nacht und Schnee verschwimmen leise
Alles schwingt in tiefstem Traum
Tief in mir singt noch die Weise
Dort am See
Am Waldessaum

Irgendwo

Irgendwo im Menschenmeer
Dort
Wo vieles unbemerkt
Schaust du hin
Und schaust du her
Fühlst du dich mal leicht
Mal schwer
Schweift dein Blick recht unbeschwert

Mancher lächelt dich kurz an
Manche schauen sehr schnell weg
Und du denkst:
Wo ist der Mann
Der mich findet
Irgendwann
Den ich für mein Leben hätt

Doch du eilst blind durch die Stadt
Bist mal hier
Und ganz schnell fort
Da
Wo keiner Namen hat
Hechtest du die Stunden platt
Bist du taub für jedes Wort

Kommst nach Hause irgendwann
Hockst allein im
Einerlei
Plötzlich fehlt dir
Kuss und
Mann
Dir wird klar
Sehr schnell
Sodann:
Er
Lief längst an dir vorbei

Versteck

In manch dunklen Parks und Ecken
Wartest du aufs große Glück
Musst am Tag dich oft verstecken
Hinter Büschen
Hinter Hecken
Hinter manchem faulen Trick

Durch die Nebel
In den Träumen
Kommt zu dir dein starker Mann
Und ihr treibts wild hinter Bäumen
Und ihr wollt auch nichts versäumen
Doch der Morgen folgt sodann

Dann ist alles aus
Vorüber
Und dein Mann ist fort
Weit fort
Ach, du hoffst und wartest wieder
Auf die Nacht
Das heiße Fieber
Dort im Park
Am kalten Ort

Denn die Welt kennt keine Gnade
Zwingt dich in die Dunkelheit
Schiebt dich ab
Wie eine Made
Doch fürs Glück ist nichts zu schade
Nein, du bist lang nicht befreit

Warum muss man sich verstecken
Wenn man schwul ist
Wenn man liebt
Warum Sex in dunklen Hecken
Hinter Büschen
Bei manch Zecken
Wo so mancher Traum verglüht

U-Bahn

S´ war in der U-Bahn gegen Acht
Potsdamer Platz
Da stieg ich zu
Du sahst mich an
Hast kurz gelacht
In jener U-Bahn
Kurz vor Acht
Ich dachte nur:
Was für ein Mann

Dein schöner Mund
Dein dichter Bart
Was für ein Blick
Ich sah nur dich
Die U-Bahn kam total in Fahrt
Und bremste plötzlich ziemlich hart
Ich stolperte
Du hieltest mich

Ich sagte
„Danke"
Steif und stur
Der Zug war voll
Es roch nach Schweiß
Noch einmal sah ich auf die Uhr
Dann warst du fort
Warum denn nur
Der Zug fuhr holpernd übers Gleis

Wohl hätt ich dich was fragen solln
Vielleicht ein Treffen mal
Nur so
Doch dort
Wo U-Bahn-Züge grolln
Blieb nur mein Traum
Im Nichts verscholln
Verlosch mein Feuer
Das aus Stroh